CHARLES BOUDHORS

Professeur honoraire
du lycée Louis-le-Grand

7 janvier 1827–2 décembre 1911

CHARLES BOUDHORS

PROFESSEUR HONORAIRE DU LYCÉE LOUIS-LE-GRAND

(7 JANVIER 1827-2 DECEMBRE 1911)

Charles BOUDHORS

I

DISCOURS

prononcé aux obsèques, le 5 décembre 1911, par M. FERTÉ
Proviseur du lycée Louis-le-Grand.

Je viens, au nom du lycée Louis-le-Grand, apporter sur la tombe de M. Boudhors l'hommage de nos regrets, lui offrir le tribut de notre gratitude et assurer sa famille de notre profonde et respectueuse sympathie.

M. Boudhors a appartenu pendant trente-trois ans au lycée Louis-le-Grand. Il y était arrivé en 1861 avec de brillants états de services. Reçu à l'Ecole normale à dix-neuf ans, en 1846, il en était sorti troisième agrégé des lettres et s'était consacré immédiatement à la rude tâche du professorat des lycées. Successivement professeur de Troisième au lycée de Rennes, de Rhétorique au lycée de La Rochelle, de Troisième au lycée de Versailles, et partout avec un égal succès, il entrait à Louis-le-Grand à trente-quatre ans, et désormais sa destinée s'y fixait. Après avoir professé la Troisième pendant sept ans, il prenait en 1868 la chaire de Seconde de M. Bertin : il allait la garder jusqu'à l'heure de sa retraite, vingt-six ans plus tard, et la garder fidèlement. Car M. Boudhors refusa de monter en Rhétorique, comme son fils devait le refuser après lui, sachant qu'on mesure la valeur d'un maître aux services qu'il rend et non à la place qu'il occupe. Dans cette classe de Seconde qu'il illustrait, M. Boudhors a formé des générations d'élèves dont beaucoup ont marqué dans le Parlement, dans le barreau, dans la littérature, dans les sciences : il a largement, puissamment contribué à la réputation du lycée. La précision, la souplesse, la vigueur et l'éclat de son enseignement, — car il s'échauffait à la lecture et à l'explication des chefs-d'œuvre — la pénétration et la délicatesse de ses leçons, son dévouement inlassable à la classe, lui attiraient chaque année une élite d'élèves auxquels il communiquait son amour éclairé des littératures classiques. On lui gardait, au sortir de la Seconde, au sortir du lycée, à toutes les étapes de la vie, une reconnaissance intime, respectueuse et attendrie. Elles sont innombrables les sympathies qui lui sont restées fidèles et qui lui font cortège aujourd'hui, autant au loin, en province, à l'étranger, qu'ici autour de sa tombe ouverte. Aussi de quel cœur a-t-on applaudi au choix du Ministre de l'Instruction publique lorsqu'en décembre 1878 M. Boudhors a reçu le ruban rouge, et quelle joie dans la grande famille du lycée le jour où, seize ans après, lui donnant une marque infiniment rare chez nous et d'autant plus précieuse de son estime, le chef de l'Université l'a décoré lui-même de la rosette de la Légion d'honneur !

Cette distinction a adouci pour lui l'amertume du départ, lorsque l'heure de la retraite est venue, en 1894. Il se savait d'ailleurs toujours de Louis-le-Grand, et Louis-le-Grand était toujours fier de le compter comme un des siens. Il en est encore quelques-uns parmi nos professeurs en exercice qui ont eu M. Boudhors comme collègue et qui m'ont vanté le charme de son commerce, la finesse de son esprit, la vivacité alerte de sa conversation, la promptitude spirituelle de ses reparties, la cordialité de sa bonne humeur, la chaleur de sa bonté, sa haute valeur morale. Quant à moi, je n'ai eu l'honneur de connaître M. Boudhors ni comme élève, ni comme collègue, mais j'ai pénétré plusieurs fois jusqu'à lui en ces deux dernières années. Il symbolisait pour moi le vieux « Louis-le-Grand », dont il était une des belles figures, l'auguste maison que l'on a peine à reconnaître dans notre lycée modernisé, la glorieuse école de la rue Saint-Jacques, sanctuaire des lettres antiques, asile de traditions dont ses maîtres se faisaient justement orgueil. J'aimais à me figurer ce vieux « Louis-le-Grand » sous l'aspect de ce beau vieillard, d'une si noble et si droite allure, malgré le poids de l'âge, avec sa couronne de cheveux blancs. Jusqu'alors ménagé par la vieillesse, M. Boudhors avait gardé, quand je l'ai connu, une rare lucidité d'esprit ; un an plus tard, après une perte terrible qui a été pour lui le premier coup de la mort, il gardait une rare fermeté d'âme. Il me confiait, dans le dernier entretien que j'ai eu avec lui, toute sa douleur, mais aussi tout son espoir. Soutenu par l'affection de deux fils dignes de lui, par celle de sa belle-fille et de ses six petits-enfants qui le rattachaient l'un à l'Université, l'autre à l'Armée, les derniers à Louis-le-Grand, à tout ce qu'il avait aimé, respecté, honoré, il attendait, avec autant de simplicité que de douce confiance, le jour suprême où, me disait-il, la mort devait l'achever, le libérer, le réunir à la chère compagne de sa vie.

C'est avec cette belle sérénité que les membres de sa famille doivent accepter aujourd'hui le coup qui les frappe ; que le calme dont est empreinte la fin de M. Boudhors descende en eux et les pénètre pour apaiser et ennoblir leur douleur. Devant eux, je m'incline avec tout le personnel du lycée Louis-le-Grand sur le cercueil de cet homme de talent, de cet homme de bien, de ce professeur modèle qu'a été M. Boudhors, et du fond du cœur, je lui dis le plus respectueux, le plus reconnaissant adieu.

Discours prononcé par M. HUYOT, professeur honoraire du lycée Louis-le-Grand.

Il y a plus de trente ans que je devins le collègue de M. Boudhors au lycée Louis-le-Grand. Il voulut bien me permettre par la suite de me dire son ami. C'est à ce titre, et c'est au nom de ses collègues, qui tous aussi furent ses amis, que je viens exprimer nos profonds regrets et notre commune affliction.

Que de fois je me suis plu à entendre ses élèves parler de leur maître respecté ! Une dignité naturelle sans nulle raideur, une parole ferme, toujours courtoise, enjouée même quand il le jugeait à propos, la sûreté de son goût et l'étendue de son savoir, lui donnaient une autorité qui semblait s'établir d'elle-même, sans rigueur ni molle complaisance. Parce qu'il aimait ses élèves, il se faisait aimer d'eux ; par l'agrément et par l'intérêt de ses leçons, il leur suggérait le désir du travail, et le sentiment du devoir par l'exemple. Confiant dans la vertu éducative des humanités classiques, il savait assurément qu'elles ne conviennent ni à tous les esprits, ni à toutes les conditions, et qu'elles ne sont pas à elles-mêmes leur propre fin. Mais à ceux qui peuvent suivre ces études et en profiter, elles constituent, pensait-il, la ferme base où plus tard s'édifiera leur vie ; et cet édifice, quelle qu'en soit la structure, construit sur une telle base, sera plus stable, mieux lié dans ses parties, et pourra se dresser plus haut. La reconnaissance des familles et des nombreux élèves qu'il a formés atteste à la fois l'excellence de cette éducation et le talent de l'éducateur.

Si le talent suscite l'estime, seul le caractère la maintient. L'inflexible droiture de M. Boudhors et la fermeté des convictions s'alliaient en lui au plus large esprit de tolérance. De ceux qui parfois s'écartaient, dans la conduite à suivre, de ses sentiments personnels, il exigeait seulement une parfaite sincérité. D'ailleurs affectueux, et sensible aux moindres marques d'affection vraie, il se montrait plus attaché, j'ai le droit de le dire, aux intérêts de ses amis qu'aux siens propres. Mais il était incapable de transiger en faveur de qui que ce fût sur les grands devoirs de la vie sociale, l'obligation d'être honnête homme et d'aimer son pays. Son origine lorraine lui rendait doublement chère la grande patrie diminuée. Quiconque paraissait indifférent à la gloire ou aux malheurs de la nation provoquait en lui,

non la colère, toujours aveugle, mais cette indignation géné-
reuse qui est le brusque éclair de la conscience révoltée. Il
nourrit de ces maximes l'esprit de ses fils qui, dans des car-
rières différentes, sont également fidèles à la belle devise
dont la brièveté comprend de si nombreux et si grands
devoirs : Honneur et Patrie.

Entouré d'estime et d'affection, fier de ses fils qui
étaient fiers de lui, conscient du devoir accompli, justement
récompensé de son rare mérite par une rare distinction, la
rosette d'officier de la Légion d'honneur, M. Boudhors pouvait se dire, au soir de sa vie, qu'il avait joui d'un destin
plus heureux que la plupart des hommes. Mais qui donc
peut être assuré d'un bonheur qui dure autant que lui-
même? Au seuil de l'extrême vieillesse il fut frappé du
deuil le plus cruel : il eut la douleur de voir partir avant lui
celle qui, pendant de longues années et dans l'union la plus
complète, avait été la compagne de sa vie. Nous craignîmes
qu'il ne fût accablé par la violence de ce choc imprévu. Il
voulut avoir, il eut la force de n'y pas succomber.

Et nous le vîmes, tout affaibli par l'âge, par le progrès
de sa maladie, et plus encore par le chagrin, accompagner
jusqu'ici le douloureux cortège, noblement, saintement
résigné.

Adieu, ami si cher et si respecté. Votre tâche est accom-
plie. Reposez dans la paix, dans la sérénité divine qui suc-
cède aux agitations de la vie. Ceux qui vous ont aimé
s'efforceront de ne pas vous perdre tout entier. Comme ils
le faisaient autrefois, même sans vous le dire, ils vous con-
sulteront encore; et vous serez souvent encore le conseiller
secret de leurs actions, le guide invisible de leur conscience.

II

NOTICES

Souvenirs retracés par M. D. BLANCHET,
Proviseur honoraire, dans le journal « l'Enseignement secondaire ».

Il me sera permis d'ajouter quelques souvenirs personnels à l'hommage éloquent et ému que MM. Ferté, proviseur, et Huyot, professeur honoraire du lycée Louis-le-Grand, ont rendu à la mémoire du regretté M. Boudhors. J'ai connu cet excellent professeur pendant les trois dernières années de sa carrière universitaire ; j'ai souvent assisté à ses classes où il aimait à me convier ; il m'honorait d'une entière confiance et j'ai pu voir tout ce qu'il y avait d'élevé, de délicat, de foncièrement bon dans cette âme d'éducateur dont la haute valeur morale donnait tant de prix à toutes ses autres qualités professionnelles. Et je peux porter ce témoignage que, parmi tant d'éminents professeurs qui, à cette époque, continuaient, en l'enrichissant, la fortune du lycée Louis-le-Grand, Marcou, Gaspard, Jacob, Hatzfeld, Bernès, Charpentier, Lemoine, pour ne parler que des morts, Boudhors fut un des meilleurs.

Boudhors était un parfait humaniste ; il connaissait à fond les lettres anciennes. Mais cet érudit avait surtout le don de l'enseignement. En tout, il savait choisir l'essentiel et c'est là ce qu'il faisait pénétrer avec une force singulière dans l'esprit de ses élèves. C'était plaisir de l'entendre expliquer une page d'un de nos auteurs classiques. Avec quelle finesse d'analyse il pénétrait la pensée de l'écrivain, avec quelle clarté il la mettait en pleine lumière, avec quelle sûreté de jugement il en appréciait la valeur et la beauté ! L'attention éveillée de toute la classe témoignait de l'intérêt qu'excitait la parole du maître, et il était facile de prévoir le profit qu'elle devait en tirer. Après le commentaire venait la leçon, et le précepte suivait de près l'exemple. En présence de ce modèle dont les élèves avaient pu sentir la perfection, le professeur leur montrait comment il fallait concevoir les idées, les mettre en ordre et en mouvement, et les exprimer. Ces leçons, loin d'être un enseignement purement verbal, étaient un enseignement de choses, réel et précis. Elles formaient l'esprit de cette jeunesse studieuse et développaient leur raison ; elles l'habituaient à observer et à réfléchir ; elles lui inspiraient le sentiment et le goût de ce qui est beau ; elles lui apprenaient le mérite et l'efficacité de l'effort. N'était-ce pas là la plus rationnelle des pédagogies ?

Boudhors excellait surtout dans la direction de la classe. Il la voulait vivante, et il ne permettait pas cette sorte d'anonymat où se complaisent les esprits inertes, trop habitués à une silencieuse immobilité. Sans doute, il savait que parmi ses élèves les uns, mieux doués, allaient plus vite et plus loin, mais il ne tolérait pas les trainards ; il fallait que la troupe entière marchât et arrivât au but. Nul mieux que lui ne savait encourager l'effort et provoquer chez les plus indifférents le désir de bien faire. Une manière toute bienveillante de signaler ce que chacun avait pu produire de bien entretenait jusque dans les derniers rangs de la classe une heureuse émulation. Aussi bien des élèves, jusqu'alors résignés à l'obscurité, émergeaient à la lumière et, prenant conscience d'eux-mêmes, s'intéressaient à la vie de la classe. Ces résultats comblaient de joie le professeur ; il en était aussi fier que des succès, pourtant brillants, remportés tous les ans par l'élite de ses élèves dans les luttes, fâcheusement disparues, du Concours général.

C'est que Boudhors n'avait d'autre préoccupation que sa classe. Il pensait toujours à ses élèves ; volontiers, il parlait d'eux. Enseigner n'était pas pour lui une fonction, c'était sa vie même. Il aurait pu fort légitimement consacrer ses loisirs à quelque ouvrage dont la valeur eût été garantie par son savoir et son expérience. Il n'a pas voulu en dérober une parcelle à sa classe, estimant que c'est à elle qu'il se devait tout entier.

Comme tous ceux à qui s'impose avec une force exclusive le sentiment du devoir, Boudhors trouvait sa récompense même dans la conscience de l'avoir accompli. Il rendait de grands services ; il ne les faisait jamais valoir. C'était un modeste. Mais l'Université ne les oubliait pas. Et, quand le Ministre de l'Instruction publique lui donna un très honorable témoignage de son estime, il en éprouva autant de surprise que de satisfaction.

La retraite a été douce pour cet homme qui avait toujours vécu en sage. Soutenu jusqu'à la dernière étape par la tendre affection d'une compagne qui ne l'a précédé que de quelques mois dans la tombe, près de ses deux fils qu'il a donnés l'un à l'Université, l'autre à l'armée, entouré de ses petits-enfants, il s'est éteint doucement, sans infirmités et sans souffrances, et quand l'heure est venue, l'esprit sain et l'âme pleine d'espérance, il a souri à la mort.

---

*Souvenirs retracés par M. Henri BERNÈS,
professeur de Première Supérieure au lycée Lakanal,
dans le journal « l'Enseignement secondaire ».*

Une note hâtive, en tête de notre dernier numéro, a appris à nos lecteurs la perte douloureuse que venait de faire, au moment où ce numéro était déjà composé, un de nos plus fidèles et de nos plus chers collaborateurs. Je voudrais dire en quelques mots pourquoi ce deuil, qui prive l'Université, et notre Société, d'un de leurs doyens, nous est ici particulièrement sensible. Pour plus d'un, parmi les rédacteurs habituels de cette revue, M. Boudhors était un maître, et un ami, très cher ; un utile conseiller à l'occasion, car il n'avait cessé, dans sa verte et lucide vieillesse, de suivre les discussions auxquelles nous prenons part, comme celles qui se poursuivent ailleurs sur d'autres questions essentielles, avec le vif intérêt, la netteté de vues, l'ardeur de conviction que son esprit et son cœur restés si jeunes portaient en toutes choses. Surtout, il était de ceux dont l'exemple, dans le souvenir de leurs anciens élèves, maintenait et maintiendra toujours présente la compréhension des fortes traditions intellectuelles et morales dont l'Université, dans son ensemble, continue à s'inspirer. Dans cette Seconde de Louis-le-Grand, d'où bien des offres et des sollicitations insistantes ne purent le décider à sortir pour gravir quelque degré dans la hiérarchie conventionnelle des postes, et où il tenait à rester parce qu'il y faisait pleinement l'œuvre d'éducation à laquelle il avait voué sa vie, que d'esprits, à l'âge de l'éclosion intérieure et du travail désintéressé, lui ont dû des excitations, des directions efficaces, quelquefois, dans une crise morale, un soutien, une impulsion décisive ! C'est que peu de maîtres, sans doute, ont allié dans une union aussi prenante le savoir, la méthode, la fermeté de pensée, et le charme vivant, l'autorité avec la bonté, la sévérité incisive, s'il le fallait, avec l'ironie amicale et stimulante, et la simplicité familière et comme paternelle. Peu ont possédé à ce degré le don de pénétrer et de manier des âmes d'adolescents, et ce talent d'intéresser, cet art d'animer tout l'enseignement, cette fine gaieté d'esprit qui ajoutait à la netteté mordante de la pensée et de la parole la séduction d'un tour vif et piquant, cette constante allégresse d'humeur qui chassait bien loin de sa classe la torpeur et l'ennui, et qui a fait, en bien des mémoires, cette année de Seconde demeurer, dans la brume du passé lointain, marquée d'un trait lumineux.

Au moment où il vient de partir plein d'années, dans la sérénité du sage qui a accompli toute sa tâche, qui entend, semble-t-il, l'appel des êtres chers qui l'ont devancé, et sait qu'il sera, par ceux qu'il laisse, dignement continué, ces souvenirs revivent en nous avec une vivacité particulière. Ils nous font mieux sentir tout ce que perdent les fils et les petits-fils de notre vieux maître, et nous redisons ici à eux notre amicale et profonde sympathie, à lui un adieu reconnaissant.

Notice rédigée par Mgr BAUDRILLART,
Recteur de l'Institut Catholique.

Quelques-uns, trop rares, des contemporains de Charles Boudhors à l'Ecole Normale, — et parmi eux l'un des plus illustres, son ami Alfred Mézières, — sont encore aujourd'hui de ce monde, et bien plus nombreux ceux qui furent ses collègues au lycée Louis-le-Grand. Cependant, pour écrire la notice qui doit perpétuer son souvenir dans *l'Annuaire* de notre association, c'est à l'un de ses anciens élèves que l'on a voulu s'adresser. Grand honneur pour l'élève et qui est une sorte de justice rendue au maître : Ch. Boudhors, en effet, a été l'homme de ses élèves ; il fut l'un de ces admirables professeurs que connut la vieille Université et qui, doués d'un savoir étendu, d'un goût très pur, d'une exquise sensibilité, ne voulurent vivre que pour leur classe et estimèrent que le plus beau des livres, c'est un disciple bien formé. *De plenitudine ejus nos omnes accepimus*, dit la Sainte Ecriture du Sauveur des hommes. En un sens bien plus restreint, vrai cependant, des générations d'élèves peuvent appliquer ce mot à tel de leurs maîtres : entre ces maîtres-là, Ch. Boudhors se place au premier rang.

D'où vient ce nom de consonance un peu étrange ? Je n'en sais rien. D'aucuns ont voulu lui découvrir une origine anglaise. Toujours est-il qu'à la fin du dix-septième siècle, c'est en Picardie que nous trouvons les Boudhors, et que, de là, ils passent en Alsace. Dans la famille, on compte surtout des soldats. Pierre Boudhors, né en 1703, près d'Amiens, servit dans l'artillerie auprès du maréchal de Berwick ; retiré du service à vingt-neuf ans, en 1732, il devint professeur de mathématiques et de tactique, puis inspecteur des ponts et chaussées, eaux et forêts, à Strasbourg ; son fils Pierre-Valentin exerça dans la même ville les fonctions d'ingénieur et d'architecte ; c'est lui qui a tracé les plans des bâtiments et du jardin de l'*Orangerie* ; on peut encore aujourd'hui lire son nom sur l'édifice. Il mourut en 1831, laissant cinq enfants, dont l'aîné, François-André, né en 1778, fut le père du professeur qui vient de mourir, tout près d'atteindre ses quatre-vingt-cinq ans. François-André et son frère Charles firent toutes les campagnes de l'Empire. Capitaine du génie, François-André fut blessé au passage du Danube en 1805 et à Bautzen en 1813 ; nommé chef de bataillon, il combattit encore à Dresde et à Leipzig ; après la chute de Napoléon, il commanda le génie à Phalsbourg, où il épousa, en 1821, Delphine-Rose-Marquette Richard, petite-fille et fille de soldats, elle aussi, de qui le père avait été tué à Eylau en 1807, et l'oncle, Charles Bordières, à Lérida, en 1810.

C'est de ce mariage que naquit, le 7 janvier 1827, à La Fère, où son père exerçait le même commandement que naguère à Phalsbourg, Charles-Eugène Boudhors.

Disons tout de suite que François-André Boudhors devait prendre sa retraite en 1831 avec la pension de lieutenant-colonel, chevalier de Saint-Louis et officier de la Légion d'honneur ; il mourut en 1843. Son frère Charles, à qui il était réservé d'exercer une assez grande influence sur le jeune Charles-Eugène, après avoir pris part à de nombreux combats, était tombé grièvement blessé à Waterloo ; resté trois jours à terre sur le champ de bataille, il avait fini par se relever et par gagner clopin-clopant la frontière de France. On le retrouve vers 1840 guerroyant en Algérie, puis commandant de place à Strasbourg, de 1846 à 1852 ; le Prince-Président lui avait, en 1850, octroyé la cravate de commandeur.

D'après ce que nous venons de dire, on peut déjà conjecturer dans quelle ambiance devait se mouvoir l'enfance de notre jeune Charles-Eugène. C'est, à proprement parler, celle des « Vieux de la Vieille » d'Erckmann-Chatrian, qui a, d'un trait si pittoresque et en général si exact, décrit ce milieu phalsbourgeois, dans les années qui suivirent 1815, où les officiers de Napoléon, rendus à la paix, avaient trouvé des femmes patriotes comme eux, « fines mouches, alertes, souriantes, bonnes ménagères, touchant la croix et la pension de leurs maris ».

Et ceci nous explique en partie le patriotisme ardent et ombrageux du pacifique universitaire que devait être Charles Boudhors.

Toutefois, ce n'est pas tout ce qu'il dut aux siens. Quoi de plus complexe que la génération issue de l'époque révolutionnaire ? Quel étonnant mélange d'idées nouvelles et violentes, de traditions malgré tout persistantes, de haines héréditaires et d'aspirations généreuses, de regrets et d'espoirs !

Pierre-Valentin Boudhors, le grand-père de notre Charles-Eugène, avait embrassé avec amour la cause de la Révolution, qu'elle fût représentée par la République, ou par Napoléon ; il était resté fidèle à ces idées, dites libérales, pendant toute la Restauration.

Ses fils avaient fait comme lui et n'avaient jamais servi les Bourbons qu'à contre-cœur ; aussi de Louis XVIII, ni de Charles X, ils ne reçurent le moindre avancement ; toutefois, ils ne transigeaient pas sur la discipline militaire, comme en témoigne, entre autres, une curieuse lettre de 1849, où le colonel Charles Boudhors, évoquant avec émotion le souvenir des armées de la première République, se défend contre un journal, *la Démocratie du Rhin*, d'avoir laissé la troupe fraterniser avec les citoyens dans une manifestation populaire.

Les Boudhors n'aimaient point « les Jésuites », mais ils avaient l'esprit religieux, et même chrétien, du moins à la façon du *Vicaire savoyard*, franchement spiritualistes et déistes convaincus.

Le grand-père Pierre-Valentin croyait de toutes ses forces à l'influence moralisatrice de l'instruction et d'une certaine recherche de la gloire ; il professait la plus haute estime pour l'énergie morale, la valeur personnelle, la vertu conquise par l'effort.

Les mêmes traits se retrouvent chez le père de celui dont nous retraçons l'existence. C'était aussi un homme fort instruit ; sa bibliothèque était assez riche, composée comme celle de la plupart des gens cultivés à cette époque : Voltaire, au grand complet, les classiques français, les classiques latins, les principaux poètes anglais et italiens, les philosophes anglais et écossais, enfin toutes les œuvres philosophiques françaises parues depuis la fin du dix-huitième siècle, sans compter, bien entendu, les ouvrages techniques qui convenaient à un officier du génie, soucieux de ne pas cesser d'être au courant. Devenu infirme et sourd, M. Boudhors employait ses loisirs à l'étude et à la lecture. Les mathématiques et l'histoire, particulièrement l'Histoire sacrée, tenaient la plus grande place dans ses préoccupations.

Sa femme était d'une nature très sensible, d'une intelligence fine, experte à pénétrer les caractères, à deviner les mobiles qui faisaient agir chacun dans la vie de famille, ou du monde. Artiste, elle aimait les opéras italiens, les romances sentimentales et chevaleresques : M. Boudhors partageait ce goût pour la musique ; aussi Mme Boudhors ne se privait point de procurer à son mari un plaisir, qui les charmait tous deux : « Ma mère chantait toujours », dira plus tard son fils Charles-Eugène. Elle était chrétienne et bonne, riche de tout ce qui pouvait lui donner action sur une âme d'enfant.

Culte de la patrie et de l'armée, idées libérales, sens religieux, amour des lettres et de l'étude, finesse de l'esprit, sensibilité du cœur, bonté, quiconque a connu Charles Boudhors ne sera-t-il pas forcé d'avouer que sa physionomie morale se dessine déjà dans celle de ses parents ?

Retraité, le lieutenant-colonel Boudhors vint s'établir à Paris. Dès l'âge de six ans, le jeune Charles fut envoyé à l'institution que dirigeait M. Maligne, 24, rue des Petites-Écuries. Il y passa près de cinq ans et en sortit avec un certificat qui témoignait de sa parfaite conduite, de son ardeur au travail, de son intelligence ouverte et, chose remarquable chez un enfant de dix ans, de son rare jugement. Ch. Boudhors garda toute sa vie une vraie gratitude aux maîtres de l'institution Maligne qui, par ailleurs, n'étaient pas fort exigeants, d'avoir cultivé sa mémoire: on faisait apprendre aux enfants d'interminables morceaux français ou latins. A quatre-vingt-quatre ans, Ch. Boudhors se récitait encore des chants de Virgile entiers. « Je baisse », me dit-il un jour du printemps dernier. « Et comment donc, cher maître ? » — « Oui, cette nuit, j'ai voulu, comme d'habitude quand je ne dors pas, me réciter un chant de l'*Enéide*. Il m'a manqué deux vers. »

A la rentrée de 1837-1838, Charles Boudhors obtint une demi-bourse au lycée Saint-Louis, où il devait rester jusqu'en 1846, date de son entrée à l'École normale. Il y connut comme proviseurs MM. Poirson, Lorain et Poulain de Bossay. Le second, M. Lorain, le prit en vive affection et devint plus tard le conseiller et l'ami du jeune professeur. Parmi les maîtres dont Charles avait gardé le souvenir, il convient de citer Guérard, le « petit père Loudière », dont l'enseignement spirituel, bonhomme, fantaisiste, stimulant, l'avait séduit, Demogeot, sérieux, savant et solennel, Alexis Pierron, surtout, dont il subit plus que de tous les autres l'influence intellectuelle et morale. Plusieurs des camarades de Charles Boudhors, à Saint-Louis, ont conquis un nom dans l'Université, ou dans le monde: Maréchal, que nous avons connu censeur à Louis-le-Grand et à Charlemagne, Challemel-Lacour, Eugène Young, Charles-Emile Chasles, Léon Le Guay, plus tard sénateur de Maine-et-Loire, Emile Labiche, sénateur d'Eure-et-Loir, Floquet, Adolphe Perraud : mais l'intime ami fut Edmond

Dupont, esprit très fantaisiste et cœur d'or, qualités qu'il sut toujours concilier avec les austères devoirs de la carrière d'un archiviste-paléographe.

Au lycée, Charles Boudhors remporta les plus solides et les plus brillants succès, dans toutes ses classes, sauf en Seconde ; cette année-là, le 2 mars 1843, il perdit son père ; et la douleur qu'il en éprouva, si vive était sa sensibilité fut telle qu'il tomba pour quelques mois dans une sorte de torpeur.

Mais il se releva bientôt : « Espérons, écrit, en 1845, le colonel Boudhors à son neveu, lauréat du Concours général, que les peines que tu te donnes seront récompensées par une position honorable un jour, que tu auras la satisfaction d'avoir conquise par tes travaux seuls, et sans autre protection que ton propre mérite. C'est une bien douce consolation que de devoir tout à soi-même. »

Dès son enfance, Charles avait contracté l'habitude de lire beaucoup ; il prenait, dans la bibliothèque de son père, tout ce qui lui tombait sous la main, de préférence les livres qui parlaient d'héroïsme, d'aventures, de belles passions ; il surexcitait en lui la sensibilité et l'imagination, prenant à la lettre pendant longtemps les livres les plus imaginatifs ; aussi a-t-il exprimé plus tard le regret de n'avoir pas été plus guidé et plus surveillé dans le choix de ses lectures, à l'âge où l'esprit s'imprime de ses traits les plus essentiels.

Jeune homme, il fit des vers ; l'inspiration en est pure et élevée ; Dieu et l'âme immortelle y tiennent une grande place. Quelques passages qu'il souligne dans les discours des prix, prononcés par M. Mesnard, en 1844, et par M. Demogeot, en 1846, achèvent de nous édifier sur les tendances de son âme. Avec le premier, il admire « cette noble fermeté de l'homme qui se modère et se gouverne, qui sait respecter avec indépendance, obéir avec dignité ». Près d'entrer à l'Ecole normale, il emprunte au second ces belles pensées : « Séparer l'éducation de l'instruction, c'est anéantir la vérité elle-même, aussi bien que la pensée qui la conçoit. » — « La littérature est le foyer même de la vie morale... Il y a dans le spectacle du beau une exaltation plus puissante que tous les préceptes ; l'enthousiasme, comme la flamme, s'allume par le contact. » — « D'un côté le devoir et l'honneur, de l'autre l'égoïsme et le succès à tout prix. Elèves de la Patrie, justifiez l'éducation qu'elle vous donne ; choisissez bien. »

Pendant les vacances, Charles achevait de tremper son âme au spectacle de la nature, aux leçons de sa chère Alsace, où presque tous les siens étaient établis ; il aimait les courses aventureuses dans les bois, qu'il parcourait en chantant ou en rêvant, sans préjudice de violents exercices physiques, de marches forcées, de rapides escalades le long des pentes de Phalsbourg et de Lutzelbourg.

En novembre 1846 (le concours d'entrée avait alors lieu pendant les vacances), Charles Boudhors, âgé de vingt ans moins trois mois, fut admis, le dixième, à l'Ecole Normale. Ce rang lui donnait droit à une bourse entière, avantage appréciable pour sa mère qui n'avait guère d'autres ressources que sa pension de veuve et le revenu d'un modeste bureau de tabac, dû à l'influence du général baron Atthalin, aide de camp de Louis-Philippe. Très réservé et même un peu timide, Boudhors ne se liait que lentement et à bon escient. Avec son camarade de promotion d'Hugues, ténor remarquable, il faisait de la musique ; Vierne l'amusait par la spirituelle parodie du second chant de l'*Enéide* qu'il écrivait, dans le genre des chansons de Désaugiers, sur des airs variés ; mais Poyard, par l'élégance et la finesse de son esprit, Marcou, discret et pénétrant, Chassang, vif et lucide, Challemel-Lacour, malgré sa froideur apparente, furent ceux de son année qui, peu à peu, conquirent son amitié. Caro, Mézières, Molliard, Salomon, Simon, Merlet, qu'il connut également à l'Ecole, nouèrent avec lui des relations assez intimes, ainsi qu'Edmond About, qui était de Saverne, et que l'amour de

l'Alsace rapprochait de Boudhors. Ses maîtres de conférences furent Deschanel et Lebas, pour le grec, Gibon et
Berger, pour le latin, Jacquinet et Géruzez, pour le français ; en première et en seconde année, outre les cours de
lettres, il suivit, conformément à l'usage, les conférences
de philosophie et d'histoire, dont les titulaires étaient alors
Saisset et Jules Simon, Wallon et Filon. C'était une pléiade
de maîtres distingués ; il ne goûta pas les leçons de Jules
Simon, qui lui paraissaient superficielles ; il ne fut pas
goûté lui-même par Gibon, dont la bienveillance à son
égard fut médiocre ; mais il s'attacha fortement à Jacquinet,
qui faisait cas de son jeune talent.

Vingt fois on a décrit la vie de l'Ecole pendant la troublante année scolaire 1847-1848. Fervent républicain,
enthousiaste de la révolution de février, Charles Boudhors
ne sut, ni ne voulut s'isoler des mouvements de l'opinion
et des bruits de la rue. Lamartine et Ledru-Rollin l'intéressaient beaucoup plus que ses maîtres de conférences.
Peut-être n'avait-il pas tort : en tout cas, la direction de
l'Ecole ne réagissait pas contre de telles ardeurs politiques.

Le quatrième à la licence, Boudhors fut reçu le troisième à l'agrégation des lettres, en septembre 1849, et
aussitôt nommé professeur de Troisième au lycée de
Rennes, ce qui parut un terrible exil à cet homme de l'Est.

Exil atténué sans doute par la présence de Mme Boudhors
mère, à partir de 1850, mais d'autre part rendu plus dur
par le peu de sympathie pour les idées républicaines que
le jeune professeur constatait chez les Bretons. Vacherot,
que Boudhors avait eu pour sous-directeur à l'Ecole Normale, s'efforçait de le mettre en garde contre une demande
prématurée de changement qui eût indisposé ses chefs :
« Quelle que soit, lui écrivait-il, la politique qui triomphe,
la révolution ou la contre-révolution, de grands change-
ments se feront dans l'Université. Attendez la fin de
l'année ; je ne dis pas qu'alors la situation politique sera
plus claire ou plus sûre, mais peut-être déjà pourrez-vous

mieux juger du changement qui vous convient. Travaillez ; ne mêlez pas votre voix à celle des partis : elle y serait sans effet et sans écho. Notre pays est dans une situation telle que l'influence des hommes et même des partis est à peu près nulle. Le courant des événements est irrésistible. Providence ou destin, une puissance supérieure à la volonté et à l'intelligence de l'homme mène la société à ses destinées nouvelles. » Son ancien proviseur, M. Lorain, le suppliait de ne pas se livrer à des manifestations intempestives, dangereuses pour lui et pour l'Université elle-même : « Premièrement, mon cher ami, lui écrivait-il, le 16 octobre 1852, je ne suis pas pour vous conseiller rien contre votre conscience. Si vous croyez avoir quelque chose de mieux à faire, et qu'il vous paraisse utile et généreux défendre la presse pour remonter le courant, nagez, et bon courage ! mais prenez garde de vous noyer dans le courant qui ne vous demandait que de vous laisser faire pour vous entraîner tout doucement. »

Et, après lui avoir cité un exemple très propre à le faire réfléchir, il ajoutait : « L'Université est si mal en cour qu'un souffle impérial peut quelque jour la disperser comme la paille. Vous voyez avec quelle ardeur le Clergé se précipite au-devant de l'élu de 7 000 000 000 000 000 *(sic)* de suffrages : que cela vous serve d'enseignement. Si d'un côté les ennemis de l'Université venaient vous faire holocauste de tous leurs hommages, et que de l'autre l'Université ne vous fît holocauste de rien du tout, et que vous eussiez l'honneur d'être Napoléon le Grand III, vous feriez tout bonnement holocauste de l'Université. Mon cher ami, j'ai toujours regardé que la prudence est une grande vertu politique. »

Mais Boudhors ne se calmait guère ; à leur tour, les réformes de M. Fortoul provoquaient son indignation : « Votre lettre que je reçois ce matin et à laquelle je m'empresse de répondre, lui écrit M. Lorain le 15 février 1853, est ce que j'ai jamais lu de plus déraisonnable, depuis l'affaire de l'abbé Gaume. Et premièrement, rappelez-vous donc que vous vivez en 1853 sous un régime absolument absolu. On ne vous demande pas votre avis sur tel système d'études : on vous demande, on vous impose l'obéissance ; *dura lex sed lex.* On ne vous demande pas votre opinion sur tel ou tel choix : voici une pique et un bonnet au bout, c'est un préfet, ou un recteur, vous n'avez pas à savoir ce qu'il est : il est bon puisqu'il est ; passez et saluez.

» En vérité, mon cher Boudhors, vous êtes un idéologue... Sérieusement, le corps de l'enseignement n'a pas d'illusion à garder : il a été d'humeur bien difficile avec les gens qui le servaient. Qu'il sache bien aujourd'hui qu'on le sacrifierait tout entier qu'il n'en serait que cela... Je vous le répète donc : soyez prudent et, pour être plus sûr de vous, évitez les conférences entre vous, on appellerait vos causeries des conciliabules et on finirait peut-être par vous reprocher *calomnieusement* de ne pas avoir pour votre chef tous les égards et toute la docilité qu'on a droit d'attendre à présent d'une discipline bien entendue. »

« Faites votre classe de votre mieux », ajoutait M. Lorain. Charles Boudhors songea aussi à la grande et utile diversion que l'on conseille en général au jeune universitaire qui s'ennuie, ou qui s'agite, la thèse de doctorat ; il proposa un Saint-Evremont et un Lucilius ; le doyen Victor Leclerc fit des objections que M. Vacherot appuya : Boudhors, trop défiant de lui-même, s'inclina malheureusement et perdit la meilleure occasion qu'il ait eue de faire un livre. Au surplus, il était déjà le professeur dévoué à ses élèves et scrupuleux dans l'accomplissement de ses devoirs professionnels que l'on devait si fort apprécier plus tard à Louis-le-Grand. Ses notes et les témoignages d'estime de de ses proviseurs ne laissent sur ce point aucun doute.

En 1855, Charles Boudhors fut nommé professeur de Rhétorique à La Rochelle ; il tombait dans un lycée en plein désarroi ; un proviseur cassant et irascible, surnommé « le vieux sanglier » par ses subordonnés, un corps profes-

soral profondément divisé, des élèves qualifiés de « momies »
par un de leurs maîtres, M. Ripault, le meilleur ami alors
de son collègue Boudhors, et pourtant indisciplinés à l'occasion eux aussi. Ch. Boudhors, toujours ardent, ne sut
pas s'abstenir de prendre parti ; au même moment, en 1857,
il perdait deux êtres très chers, sa grand'mère et son oncle
Charles ; il demanda et obtint un congé, qu'il passa à Paris,
tandis que sa mère reprenait le chemin de Phalsbourg.

M. Mourier, le futur vice-recteur de Paris, alors recteur
de Rennes, ayant besoin d'un suppléant, réclama le professeur qui avait laissé de bons souvenirs dans le lycée de
cette ville, et lui fit confier la Rhétorique dans les dernières
semaines de l'année scolaire 1857-1858 ; mais, dès le mois
d'octobre de cette même année, Charles Boudhors était
appelé à la chaire de Troisième du lycée de Versailles,
qu'il devait occuper jusqu'en 1861.

C'est au cours de ces trois années que la vie de Charles
Boudhors a pris son orientation définitive. Elles furent
marquées d'abord par une assez grande activité littéraire ;
il écrivit un petit acte qui fut joué par les élèves de mathématiques spéciales, et ce simple fait semble avoir été
l'origine de la légende, dont le père d'un élève se fit un
jour l'écho, en vertu de laquelle Charles Boudhors aurait
dans sa jeunesse « fait du théâtre ». En réalité, il excellait
dans les pièces de circonstance délicates et spirituelles, et
ses fils ont été souvent les interprètes de petites scènes en
vers qu'ils étaient très fiers de jouer, mais que leur père,
toujours modeste, remettait aussitôt en portefeuille.

Derechef, il songea à une thèse et, cette fois, il prit
pour sujet le prédicateur protestant Saurin ; il établit la
bibliographie du sujet, prit des notes, rédigea quelques
pages, et ce fut tout.

Il avait de même composé deux grands articles, l'un
sur l'*Essai sur le mysticisme* de son ami Caro, l'autre sur
Julien l'Apostat, à propos de la traduction et de l'étude
d'Eugène Talbot ; ils ne parurent ni l'un ni l'autre.

Au fond, comme je l'ai déjà indiqué, Charles Boudhors donnait tout à sa classe. La famille allait désormais le prendre en partie.

Le 7 août 1861, il épousait Mlle Coquereau, fille d'un chef de bureau au Ministère de la Justice, nièce d'un chanoine titulaire de Laval et de Mgr Coquereau, commandeur de la Légion d'honneur, aumônier en chef de la marine, qui avait accompagné sur la *Belle-Poule* les restes de Napoléon, lors du « retour des cendres ».

Mlle Coquereau appartenait à une excellente famille lavalloise qui, comme celle des Boudhors, comptait bon nombre d'officiers. C'était une femme intelligente, sage, pondérée, d'une foi profonde, d'une piété très droite, qui se traduisait en œuvres, et d'une exquise bonté. Elle devait exercer l'action la plus bienfaisante sur un mari qu'elle admirait et qu'elle aimait ; elle contribua à régler une imagination très vive, une nature ardente et sensible ; elle l'accoutuma à goûter un bonheur ordonné et paisible ; sans chercher à le convertir, par d'imprudentes et maladroites ingérences, à sa foi chrétienne, elle la lui fit apprécier, et l'achemina peu à peu à ne pas se contenter du spiritualisme déiste, auquel, à l'image de son aïeul, de son père et de son oncle, il était resté fidèle. Ce fut pour tous deux, pendant cinquante ans, le bonheur l'un par l'autre, chacun se jugeant le débiteur de l'autre.

Aussitôt après son mariage, Charles Boudhors fut nommé professeur au lycée Louis-le-Grand, où sa carrière devait se développer en toute plénitude et s'achever trente-trois ans plus tard, en 1894. C'est aussi peu de temps après son arrivée à Paris, au commencement de 1863, qu'il entra dans cette vieille maison, en bordure d'un beau jardin, 9, rue du Val-de-Grâce, qui fut sa demeure aimée jusqu'au dernier jour de sa vie.

Enfin, la même année 1863, Charles Boudhors perdit sa mère. Le lien le plus fort et le plus cher avec le passé était rompu.

Ce que fut l'enseignement de Ch. Boudhors à Louis-le-Grand, le témoignage de ses anciens élèves nous le dira tout à l'heure. Il y exerça ses fonctions sous cinq proviseurs, MM. Didier, Jullien, Girard, Gidel et Blanchet ; et, parmi les censeurs, retrouva son camarade Maréchal, et plus tard son ancien élève du lycée de Rennes, Joubin.

L'année de la guerre fut cruelle à son cœur d'Alsacien. En 1869, il avait parcouru le Grand-Duché de Bade et il avait été frappé de l'attitude malveillante des habitants à l'égard des Français. Lorsque les opérations militaires furent commencées, la connaissance exacte qu'il avait des lieux lui fit prendre un intérêt encore plus passionné aux mouvements des armées ; quand il apprit qu'on n'avait pas fait sauter le tunnel de Saverne, il eut un accès d'indignation violente. Bien entendu, malgré le siège, il resta à son poste ; sa femme et ses enfants ne le quittèrent pas. Comme les élèves et les professeurs étaient moins nombreux, on organisa le service universitaire de telle sorte qu'il pût se faire dans tous les lycées et qu'en même temps les professeurs qui avaient l'âge remplissent, de quinzaine en quinzaine, leur service de garde national. Charles Boudhors accomplit l'un de ces services à Condorcet, et l'autre au bastion de la porte d'Ivry. Il dut, pendant le bombardement, abandonner la rue du Val-de-Grâce ; les obus pleuvaient dans le jardin ; l'un d'eux, quelque temps après ce départ, mit en pièces le traversin de son lit. Quelques semaines après, il fallut de nouveau chercher ailleurs un refuge ; les communards du quartier voulaient à tout prix faire marcher les gardes nationaux récalcitrants. Henry Bauer — neveu de Mgr Bauer — ancien élève de Charles Boudhors, et alors officier de la Commune, ayant rencontré son maître dans la rue, se montra fort surpris qu'il ne fît pas comme lui, mais, par reconnaissance, n'insista pas plus que de raison pour l'entraîner.

On ne peut dire les angoisses que provoqua chez Charles Boudhors la signature de la paix. Strasbourg, Phalsbourg, aux Allemands ! Rien n'a jamais pu effacer, ni combattre chez lui ce souvenir, cette blessure de son patriotisme ; il lui devint impossible, parce que trop douloureux, de remettre le pied sur la terre d'Alsace. Obligé de passer par Nancy, en 1873. ce lui fut un supplice de voir des Allemands dans la gare.

Républicain de vieille date, il avait mis toute son espérance dans la République pour le relèvement de la patrie : il avait acclamé Thiers et Gambetta. Quand il vit l'abandon de la revanche, quand il lui fallut s'avouer que la République, si belle sous l'Empire, n'était pas un gouvernement plus idéal qu'un autre, qu'elle songeait à écraser ceux qui, à tort ou à raison, passaient pour les ennemis du dedans, plus qu'à tenir tête à ceux du dehors, sa déception fut amère et alla toujours s'accentuant : la guerre religieuse lui faisait horreur ; finalement, il se trouva beaucoup plus près de ses adversaires que de ses amis d'autrefois.

De 1861 à 1868, Charles Boudhors avait fait la classe de Troisième ; il prit la Seconde en 1868 ; dix ans plus tard, on lui offrit la Rhétorique du lycée Saint-Louis, lui laissant espérer, à la première occasion, l'une de celles de Louis-le-Grand ; il refusa. Depuis la scission du baccalauréat, la Rhétorique était devenue une classe d'examens ; il en craignait la responsabilité ; le plus parfait des professeurs de Seconde, il se demandait, avec son excessive modestie, s'il serait à la hauteur d'une Rhétorique parisienne : en vérité, il était le seul à en douter.

Un remaniement de services, à la rentrée de 1892, aboutit à donner à quelques vieux professeurs de Troisième et de Seconde une heure de cours de lettres dans les classes de sciences, perspective qui ne laissa pas que de leur paraître un peu troublante. Charles Boudhors, profitant de ses relations personnelles avec M. Rabier, alors directeur de l'enseignement secondaire. obtint — je cite la lettre de M. Rabier — que « ces solides vétérans de notre vieux lycée ne fussent pas tracassés sur la fin de leur carrière si utilement et si dignement remplie ». Les professeurs intéressés célébrèrent leur délivrance par un dîner de fondation que préside encore l'un d'entre eux, M. Huyot.

Deux ans après, le 14 juillet 1894, Charles Boudhors recevait de M. Gréard l'avis que tous les professeurs âgés de plus de soixante-quatre ans étaient mis d'office à la retraite; Dupré, Poyard, Marcou, Parnajon, Guillemot, Hatzfeld et sept autres se trouvaient atteints comme lui par cette mesure générale : « La nouvelle que je reçois par le courrier de ce matin me surprend et m'accable, lui écrivit le proviseur, M. Blanchet. J'irai vous voir aussitôt délivré de mes occupations si lourdes en ce moment. Je ne vous écris qu'un mot : je suis désolé pour moi, pour nos élèves, pour Louis-le-Grand. » M. Blanchet avait raison, car les services que Charles Boudhors rendait au lycée étaient encore hors de pair.

Le coup fut adouci par la distinction, très exceptionnelle dans l'enseignement secondaire, dont Charles Boudhors fut l'objet : quinze jours après sa mise à la retraite, il était promu officier de la Légion d'honneur. Il apprit la nouvelle par une charmante et délicate lettre d'un de ses concurrents, Dupré. M. Rabier lui remit les insignes de son grade dans un dîner qu'il donna en son honneur et que présida M. Leygues, Ministre de l'Instruction publique. Quelques années plus tard, M. Leygues, redevenu Ministre, fut harangué, à l'occasion du 1er janvier, par M. Gazeau, proviseur de Louis-le-Grand : « Permettez-moi d'ajouter, lui dit celui-ci, que nous aussi nous vous retrouvons avec joie. Nous n'avons pas oublié qu'il y a quatre ans vous avez tenu à attacher vous-même la rosette d'officier de la Légion d'honneur sur la poitrine d'un simple professeur de Seconde du lycée Louis-le-Grand, notre vénéré M. Boudhors, dont toute la vie avait été un modèle de probité professionnelle et de dévouement à l'enseignement public. Ce jour-là, Monsieur le Ministre, vous avez donné à l'enseignement secondaire un témoignage d'estime et de confiance dont il vous a été, dont il vous sera toujours reconnaissant. »

De l'enseignement secondaire, je l'ai suffisamment laissé entendre, Charles Boudhors avait été en effet l'une des plus remarquables incarnations. Fermement attaché à la tradition humaniste, il estimait que les études classiques forment, mieux que toutes les autres, l'esprit et le jugement par l'habitude de la composition, de la traduction animée et pensée, par l'intelligence informée et sympathique des idées, des personnages que nous présentent les auteurs grecs, latins ou français. Il tenait d'autre part pour nécessaire qu'une certaine culture scientifique se joignît à la culture littéraire, et il regrettait d'en avoir été privé, comme il arrivait trop généralement de son temps. Dès la fondation, il fit partie de la *Société pour l'étude des questions d'enseignement secondaire.*

Les études littéraires étaient, à ses yeux, éminemment éducatrices, éducatrices de l'esprit, du cœur, de l'âme tout entière. Lisons les quelques discours de distribution de prix qu'il a prononcés ; toujours nous y trouverons cette pensée morale : « La vraie littérature, jeunes gens, dira-t-il en 1854 aux élèves du lycée de Rennes, est celle qui fait l'éducation morale de l'homme en même temps que son instruction. Elle n'est pas seulement l'expression durable du développement intellectuel et moral d'un siècle : elle est une école de goût et de vertu, où les plus nobles leçons, s'appuyant sur l'expérience des nations et sur l'autorité des grands exemples, sont transmises aux générations les plus reculées par des voix qu'animent et que soutiennent une sagesse inspirée, une force divine, le sentiment et l'amour des pures et inaltérables beautés de l'âme et de l'esprit. »

Trente-cinq ans se passent et c'est la même note qu'il fera entendre aux jeunes filles du cours Raffy, comme introduction à une série de conférences sur la littérature contemporaine : « Vous connaissez, et je n'ai plus à vous le faire admirer, ce principe que La Bruyère formule dans la préface de son livre des *Caractères* : « On ne doit parler, dit-il, on ne doit écrire que pour l'instruction. » Mais ce précepte qui me dicte à moi si nettement mon devoir, n'est-il pas juste de le compléter en le retournant vers le public, auditeurs ou lecteurs? Ne devons-nous pas dire aussi, avec tout autant de vérité : « On ne doit lire, on ne doit écouter qu'en vue de s'instruire? c'est-à-dire en vue non pas seulement d'élever et d'étendre son intelligence, mais aussi et surtout d'assainir et de fortifier son cœur; c'est-à-dire avec le désir de garder de ses lectures ou de ses leçons comme un recueil de souvenirs précieux et profitables, dont l'heureuse influence se prolonge fort au delà du moment présent. » Et il citait ce mot de la marquise de Lambert : « Faites que toutes vos études passent dans vos mœurs et que votre savoir se tourne en vertu. »

Appuyé sur de tels principes, le merveilleux professeur qu'était Charles Boudhors ne pouvait manquer d'être de plus un éducateur. Je dis merveilleux professeur : rien de plus solide, de plus charmant, de plus varié que sa classe; très spirituel, il éblouissait et amusait par des mots toujours heureux ; doué d'une riche imagination, il plaisait à ces adolescents de Seconde dont l'âme s'ouvrait à toute poésie; la conscience même, il corrigeait les plus longs devoirs, des narrations latines de plusieurs pages, jusqu'à les refaire partiellement en marge; il s'intéressait à ses élèves au point qu'un père de famille n'hésitait pas à lui demander de prendre à part son fils à l'issue de la classe et de lui parler tête à tête et cœur à cœur; d'une leçon qu'il expliquait, d'une matière qu'il dictait, il tirait spontanément, à l'improviste, la plus pénétrante leçon donnée sans l'ombre de pédantisme. « Vous êtes de ceux qui, par leur dévouement et par leur science, m'ont donné la plus haute idée du professorat, lui écrivait un de ses anciens élèves au lendemain de l'agrégation. Je vous ai déjà dit cela, mais vous le répéter est le seul moyen que j'aie de vous faire connaître quels excellents et profonds souvenirs il me reste de l'année que j'ai passée sous votre direction. »

Dix ans après, ce même élève était entré dans une congrégation religieuse, et il éprouvait, à la fin de son noviciat, le besoin de se confier à son ancien professeur : « Vous êtes, en effet, lui disait-il, de ces maîtres qui ont part à l'histoire de l'âme de leurs élèves pour l'avoir faite en partie. L'année que j'ai passée avec vous a été la plus féconde de ma vie de collège ; vous avez su provoquer ou remuer en moi tant de sentiments, tant d'idées !... Je viens de me trouver, pendant un an, face à face avec la préoccupation de la seule chose nécessaire et j'ai achevé de me convaincre qu'elle est bien la seule nécessaire. Vous dont l'esprit est si large et le cœur si haut, vous me comprendrez. »

« Comme vous saviez lire dans l'âme de vos élèves ! » Ce cri encore sortait du cœur de son correspondant.

La mort de Charles Boudhors a révélé bien des témoignages analogues, provenant des esprits les plus divers, les plus opposés ; le même hommage remplit les lettres de condoléances adressées à ses fils.

Voici deux professeurs qui, à plus de trente ans de distance, ont ressenti une impression identique : « C'est à vous que j'ai dû la première impulsion, écrit G. Montigny, c'est vous qui m'avez dirigé dans la véritable voie, et qui m'avez surtout donné une haute idée de notre grande Université si calomniée et si noble... Vous avez été mon père intellectuel. » — « Il y a vingt-six ans passés que j'entrai dans sa classe, dit M. Paul Van Tieghem ; je le vois comme si c'était hier, souriant et sérieux, spirituel et bon, s'imposant dès la première heure au respect comme à la confiance. Comme je sentais déjà, comme je sens mieux maintenant le prix de la peine qu'il se donnait pour nous, la valeur de ses conseils et de ses encouragements ! Que de fois, en divers lycées, dans cette même classe de Seconde où il a passé sa vie et où je passe la mienne, j'ai été heureux d'évoquer son souvenir, de dire son nom, de raconter son influence! Et j'ajoutais que mon vieux maître était encore vert et vigoureux, et que j'aimerais à le revoir pour causer avec lui de notre commune tâche... Pardonnez-moi d'évoquer un peu longuement devant votre deuil des souvenirs de la quinzième année, les plus doux et les plus précieux de tous... J'ai beaucoup de vieilles copies corrigées de la main de votre père; je les feuillette parfois, je les regarderai plus longtemps. »

C'est un journaliste, Henry Bauer qui, en 1892, faisait ses confidences aux lecteurs de l'*Echo de Paris* : « Comment oublier l'enseignement cordial et viril du professeur Boudhors qui nous initia au charme de la poésie et nous apprit à goûter une belle page d'écrivain? Que d'aménité, de bonne grâce, de clarté dans ses explications, où il associait notre intelligence, où il déterminait la formation de notre jugement, de notre sens critique ! »

« Révolté contre la bêtise de certains cuistres, je voulais me faire mettre à la porte du lycée, écrit Henri Cain, l'artiste et l'écrivain connu; votre père m'a fait venir près de lui; il m'a parlé cinq minutes... J'ai compris qu'il y avait, parmi les professeurs, des âmes délicieuses et il m'a dompté et sauvé. Sans lui, que serais-je devenu ? »

Ou encore, ces lignes si touchantes du romancier Albert-Emile Sorel: « M. Boudhors a été, pour moi, un maître dans ma première jeunesse, le maître qui fait aimer le travail, qui éclaire la pensée, qui ouvre l'âme et l'attache aux traditions. Il m'a honoré de sa très indulgente amitié. Personne, comme lui, n'a su me comprendre aux heures de deuil, en aimant le souvenir de mes morts, en me les rappelant à toutes les étapes de ma vie... Il a été l'expression la plus tendre de l'intelligence et la plus fine de la bonté : il était un grand universitaire et un Français de vieille race. Mes yeux s'emplissent de larmes en pensant que je ne le verrai, ni ne l'entendrai plus. »

Et, enfin, ce portrait pittoresque et vrai, tracé par Albert Guinon, l'auteur dramatique : « Je me rappelle son goût si vif de la « composition », sa ferme logique, son sens si juste du détail bien placé, bref, son solide et brillant esprit... Je n'oublie pas non plus ce qu'il nous laissait voir de sa personnalité morale : sa loyauté claire, sa haute délicatesse, et cette bonté profonde à laquelle sa fine malice, un peu dure, donnait plus de prix encore... Je le revois physiquement, comme si c'était hier ! Cette tête un peu penchée comme pour mieux viser l'interlocuteur ; ce regard si particulier, à la fois oblique et droit, qui ne ratait jamais son coup ; ces narines ironiques égayant le nez vigoureux et sensé ; et cette façon amusante de tendre la lèvre comme un arc avant de lancer le mot... Je n'oublierai jamais mon cher vieux maître. »

Nul de nous ne l'oubliera ; et moi-même que fais-je, sinon de me laisser entraîner au fil de tant de souvenirs évoqués ? Pourtant il faut finir.

Après avoir quitté ses fonctions, Charles Boudhors vécut très retiré. La correction des copies du Concours général jusqu'à sa suppression en 1902 fut à peu près sa seule occupation universitaire. Il lisait, poussait plus loin d'anciennes études d'italien, et, de plus en plus homme de famille, s'occupait des siens.

De son mariage étaient nés deux fils, Charles-Henri et Franz, qu'il avait toujours suivis de très près. Dès qu'il les avait trouvés en âge de comprendre, il s'était efforcé de leur faire partager ce qui constituait le fond de sa propre vie. Tout enfants, il les prenait sur ses genoux et leur contait l'*Iliade*, l'*Odyssée*, les légendes fondamentales des littératures grecque et latine. A la campagne, il les emmenait dans ses longues courses, causant avec eux, chantant, récitant des vers latins ou français. Le soir il se plaisait à leur enseigner le nom des étoiles et des constellations, s'exaltant au spectacle de cette harmonie, y trouvant Dieu visible, et sa providence et sa bonté. Remontant jusqu'à la cause même de l'action divine dans ses œuvres extérieures : « C'est l'Amour, leur disait-il, qui crée et qui fonde. »

Il eut le bonheur de les voir continuer l'un et l'autre les deux traditions qui lui étaient chères, celle dont il avait été lui-même l'initiateur, et celle de ses ancêtres. L'aîné de ses fils est entré dans l'Université ; comme lui professeur de Seconde dans un lycée de Paris, il est, de plus, un poète de talent ; son second fils est officier, très militaire et lui aussi très éducateur ; il a fait presque toute sa carrière à la frontière de l'Est.

En 1905, deux enfants de ce fils, en 1907, un troisième, vinrent à Paris pour leurs études ; leur grand-père les conduisit à M. Gazeau, proviseur du lycée Louis-le-Grand, dont ils allaient suivre les cours comme élèves de l'Ecole Bossuet. Le déférent attachement de M. Gazeau au professeur honoraire de son lycée, très sensible dans les lettres qu'il eut occasion de lui écrire, se manifesta d'une façon délicate et émouvante, à la distribution des prix de 1908, par quelques mots adressés du haut de l'estrade au grand-père venu pour couronner l'un de ses petits-fils.

A la même époque, Charles Boudhors renoua des relations plus intimes avec ses parents alsaciens, réfugiés en terre française, près de Saint-Dié. En 1902, il parcourut encore, tel qu'aux beaux jours de sa jeunesse, les sentiers forestiers des Vosges.

C'est en 1904, par une grave crise de santé, que la vieillesse commença pour lui ; il avait soixante-dix-sept ans. Déjà, il avait vu mourir ses plus intimes amis ; Poyard, en 1909, et Marcou, en 1911, disparurent les derniers. Depuis sa maladie de 1904, Charles Boudhors ne cessa plus d'envisager sa fin comme prochaine ; il lui semblait certain que sa mort serait le premier des vides qui se produiraient dans la famille ; il considérait, non sans quelque mélancolie, ce qu'il y a d'incomplet dans l'union humainement parfaite des époux qui se sont le plus aimés ; il rédigea les plus touchantes recommandations pour ses fils sur leurs devoirs envers leur mère, quand elle resterait veuve.

Mme Boudhors fut enlevée la première ; après une courte

maladie, où elle fit preuve d'une admirable grandeur d'âme et d'une foi profonde, elle s'éteignit le 1er mai 1910. Avec un courage égal, Charles Boudhors, bien que fort malade, voulut accompagner sa femme jusqu'à sa dernière demeure, et ce fut, chez tous ceux qui le virent ce jour-là, un mélange de pitié et d'admiration.

« Vos lignes si sensibles, écrivait-il le 16 janvier dernier, à son vieil ami M. Le Coat, sont assurément de nature à m'apporter quelque douceur au milieu des amertumes et des tristesses toujours renaissantes de ma solitude. Vous avez certes ce qu'il faut pour concevoir ce que c'est que d'avoir perdu à quatre-vingt-quatre ans, après cinquante ans d'une existence commune exempte de tout trouble, la compagne de toutes les joies, de toutes les peines, de toutes les espérances qui peuvent trouver place en un demi-siècle vécu dans la plus parfaite union. »

Mme Boudhors avait toujours ardemment souhaité voir l'âme si haute et si naturellement religieuse de son mari se rapprocher tout à fait de la foi chrétienne et en vivre : jamais je ne l'ai vue sans qu'elle m'en parlât, et elle daignait faire fond sur ma respectueuse amitié pour mon cher maître. Quand elle se sentit sur le point de mourir, elle demanda les derniers sacrements et réclama pour cet acte suprême la présence de son mari. Après l'Extrême-Onction, Charles Boudhors pria sa femme de le bénir « pour qu'ils ne fussent jamais séparés ». Il prenait ainsi, de lui-même, l'engagement de se faire instruire des vérités qu'il ne connaissait pas bien et de laisser agir en lui la grâce de Dieu. Sans le moindre retard, il tint parole.

Dès longtemps, comme beaucoup de professeurs de Louis-le-Grand, il entretenait des relations avec les directeurs de l'Ecole Bossuet : depuis que ses petits-fils étaient entrés dans cette maison, il avait apprécié l'intelligence, la dignité, le zèle sacerdotal de celui qui la dirigeait alors, M. l'abbé Audollent. Il s'ouvrit à lui, se fit, avec la plus admirable simplicité, enseigner tout ce que à l'image de tant d'autres hommes par ailleurs instruits, il ignorait, et au bout de quelques mois, plein de foi et d'espérance, entra dans la pratique de la vie chrétienne, où il trouva tout ce qu'il avait cherché.

Sa belle intelligence s'appliqua désormais aux vérités supérieures, avec la même vigueur, la même pénétration, qu'elle avait jadis apportée à l'étude des problèmes littéraires et moraux. J'ai plus d'une fois causé avec lui dans les dix-huit derniers mois de sa vie : j'étais émerveillé de l'exactitude et de la précision de son langage quand il parlait des choses d'en haut ; son plus grand désir était de voir toujours plus clair dans le mystère de l'autre vie ; il avait médité avec moi tout ce qu'en dit saint Paul.

Au sujet d'un livre que je lui avais donné, il m'écrivait au mois de juin dernier cette admirable lettre — pour moi si précieuse — qui prouve à quel point il était maître de son esprit et de son jugement : « Que devez-vous penser de moi? Depuis le jour où vous avez eu la bonté de m'adresser si gracieusement le livre de l'abbé Blot, et où je vous en ai accusé réception avec mes premiers remerciements, je ne vous ai plus donné signe de vie ! Il est donc vrai que je *vis* à peine ; je végète plutôt, n'étant plus qu'une partie de moi-même, un de ces débris dont parle Tacite au début de sa *Vie d'Agricola* (*nec solum aliorum, sed nostri etiam superstites*).

» A l'époque même où j'ai reçu le livre *Au ciel on se reconnaît*, j'ai été frappé d'amaurose, conséquence de ma goutte générale : j'ai dû espacer et, par moments, suspendre mes lectures ; et, ma main droite me refusant en même temps son office ordinaire, je n'ai pu même vous faire part de mon embarras. Je me risque aujourd'hui à le tenter, pour vous remercier, plus amplement et mieux instruit, des enseignements que j'ai puisés à la source que vous m'avez offerte. S'il m'a paru que l'auteur se complaît peut-être dans une documentation trop touffue et veut quelquefois accumuler les preuves plutôt que mettre en valeur les plus probantes et dont l'autorité s'impose le plus, néanmoins le commencement, l'intention générale et la suite des idées, conformes à cette intention, répondent si bien à la préoccupation de mon esprit, et aux inquiétudes dont j'avais pris la liberté de vous entretenir, que j'y ai trouvé ce que je cherchais et que vous m'aviez promis : assurance et consolation. Mais combien l'impression que j'ai reçue de ces lectures demeure en arrière de celle que j'ai gardée de vos entretiens! et que ne puis-je recevoir, sinon à ma volonté, du moins de temps en temps, ces instructions si pénétrantes et si fécondes, dont le charme et, je dirai même, l'émotion persistent si longtemps après la parole entendue! Je ne vous ai pas vu une seule fois que vous n'ayez atteint au fond de mon cœur par quelque mot d'encouragement et de réconfort opportun et propice : la première fois après mon désastre, c'est : *Contristabimini, sed tristitia vestra vertetur in gaudium.* Puis : *Facienti quod in se est Deus non denegat gratiam.* Et ces souvenirs ne cessent de m'accompagner; et j'espère qu'ils me seront présents à l'heure de ma mort... Depuis que j'ai goûté le bienfait de ces précieuses rencontres avec vous, je ne cesse de me répéter ces deux vers, d'Ausone, je crois :

> *Me fortunatum, solidos si vivere soles*
> *Sors mea cum tali me permisisset amico !*

Et voyez, je n'en reviens pas moi-même et n'y comprends rien : j'ai pu vous écrire ces pages sans presque m'arrêter, et d'une écriture lisible, qui frapperait de stupeur mes enfants, déshabitués de me déchiffrer si facilement. Si vous êtes en possession de faire des miracles, pensez quelquefois à moi; et, en tout état de cause, bénissez votre vieux professeur, devenu votre très humble, très obéissant et toujours affectueux disciple. »

Fort de ces pensées et de cette foi, entouré de la tendre affection de ses enfants, aidé des fréquentes visites de l'abbé Audollent, Charles Boudhors vit venir la mort avec une admirable sérénité. Le 14 novembre dernier, je reconnaissais avec émotion sur une enveloppe son écriture toute tremblée. La lettre était écrite du lit d'un mourant : arrive-t-il plus d'une fois en une carrière sacerdotale d'en recevoir de telles ? « Je reçois demain chez moi, à 5 heures, 5 heures et demie, les derniers sacrements. La décision a été prompte et je n'ai pu vous prévenir plus tôt, à quoi je tenais fort ; car vous me permettrez bien, cher ami, de vous demander une prière dont la pensée ajoute grandement à mon espérance dans la miséricorde du Très Haut et Très Bon, de la Très Sainte Trinité et de la Sainte Vierge Marie.

» Que n'ai-je pu entendre encore une fois votre... parole !

» Permettez-moi de vous embrasser en Notre-Seigneur Jésus-Christ, le divin Sauveur. — Charles Boudhors, votre constant ami. »

Charles Boudhors vécut encore plus de quinze jours ; après avoir exhorté les siens, il s'éteignit le 2 décembre 1911, à 5 heures du soir.

Trois jours après, une foule compacte et émue suivait à l'église Saint-Jacques, puis au cimetière Montparnasse, le parent, l'ami, le maître, qui avait couronné par une si belle mort une si noble vie. Sur sa tombe, M. Ferté, proviseur de Louis-le-Grand, M. Huyot, professeur honoraire du même lycée, dirent, avec une éloquente simplicité, les sentiments qui étaient dans le cœur de tous. Je ne crois pas qu'il soit possible d'avoir approché Charles Boudhors sans l'avoir aimé.

Alfred BAUDRILLART.

(*Bulletin de l'Association amicale de secours des anciens élèves de l'École normale supérieure.*)